DÉLICIEUX DESSERTS

Ce cahier d'activités appartient à :

....

....

Merci d'avoir choisi notre Cahier d'activités. C'est génial que vous aimiez les Cahiers d'activités autant que nous ! Nous espérons que vous l'aimez ! Si vous le faites, envisageriez-vous de publier un avis en ligne ? Cela nous aide à continuer à fournir d'excellents produits et aide les acheteurs potentiels à prendre des décisions en toute confiance.

Merci d'avance pour votre avis et d'être un client merveilleux.

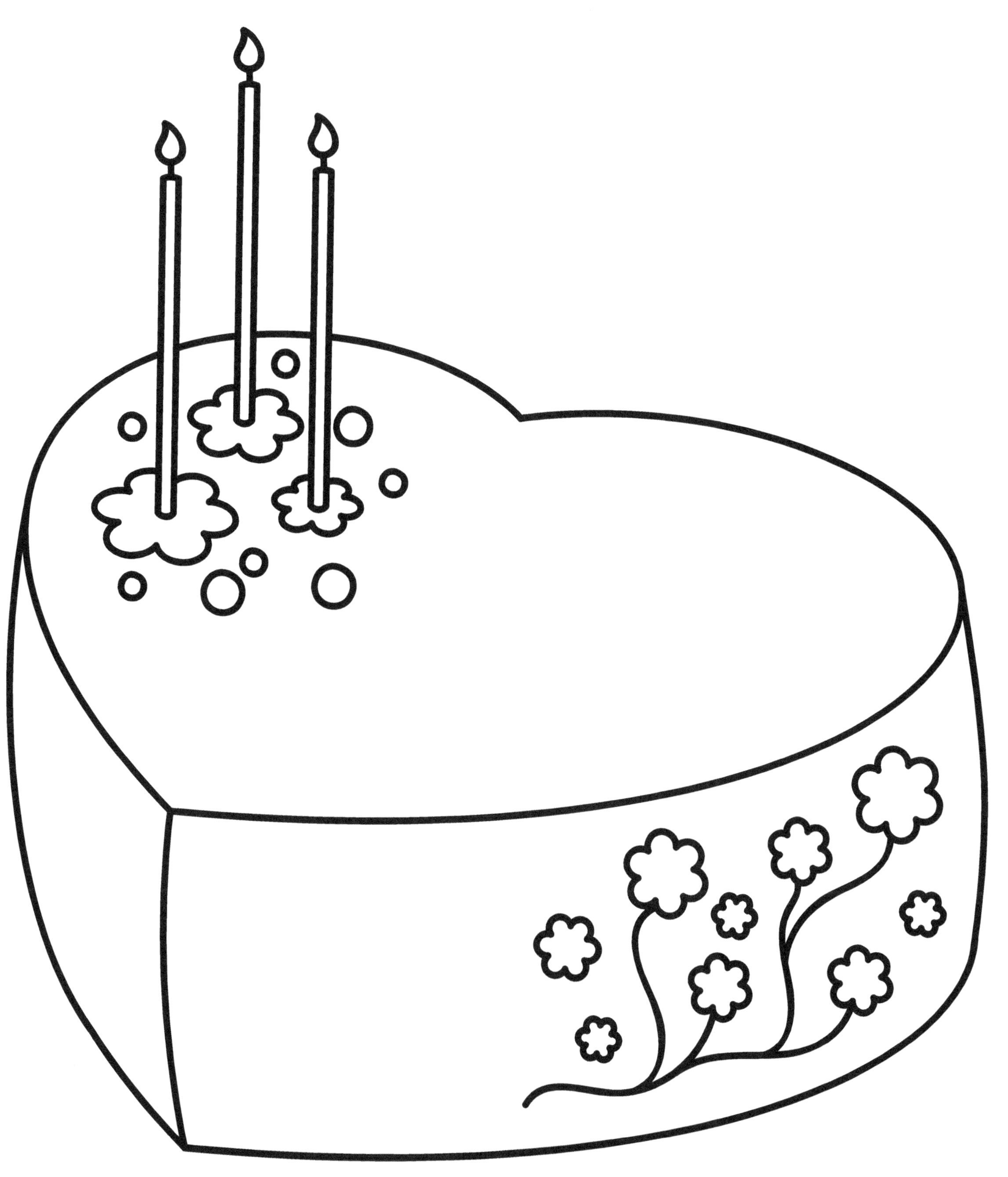

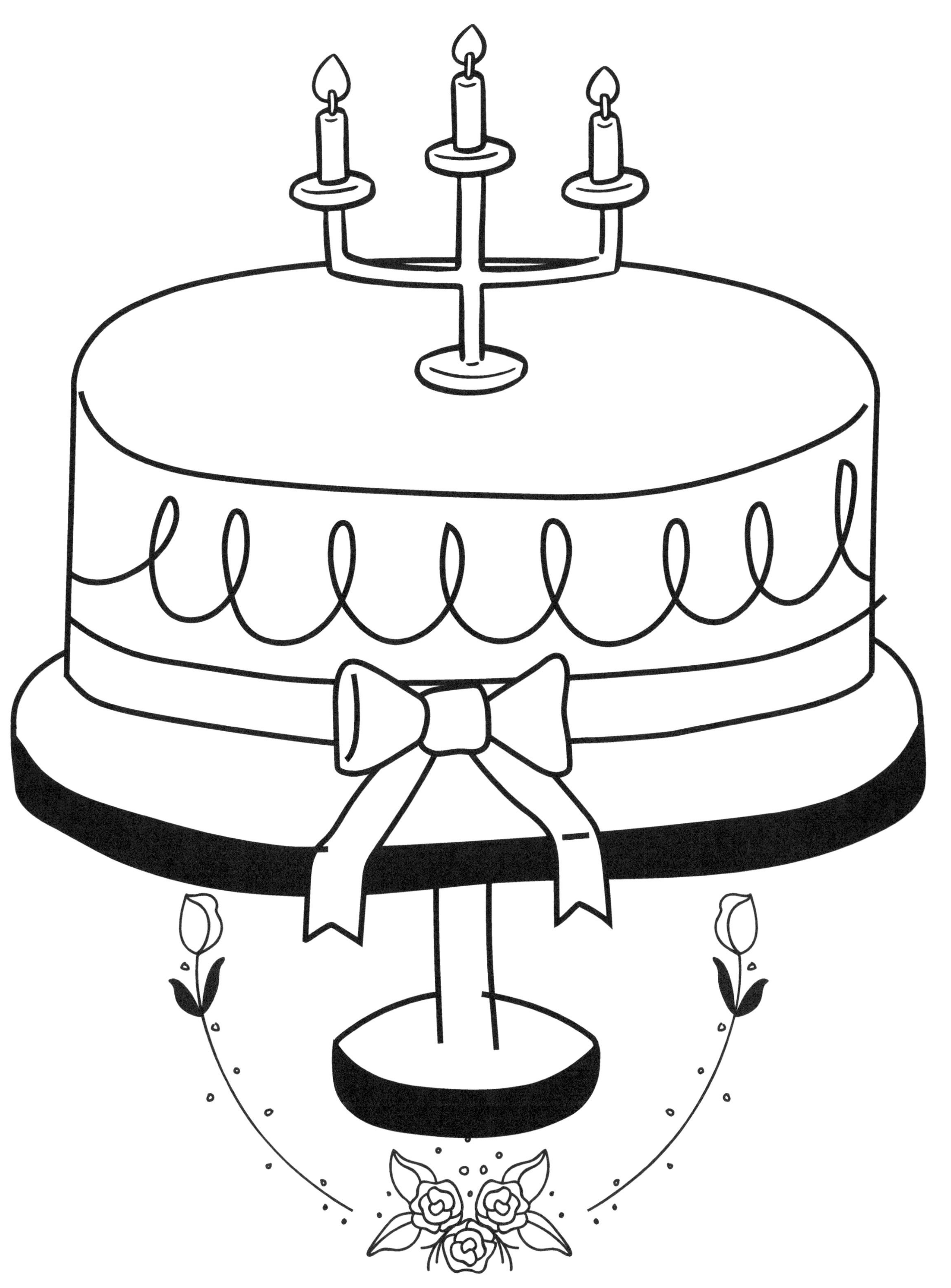

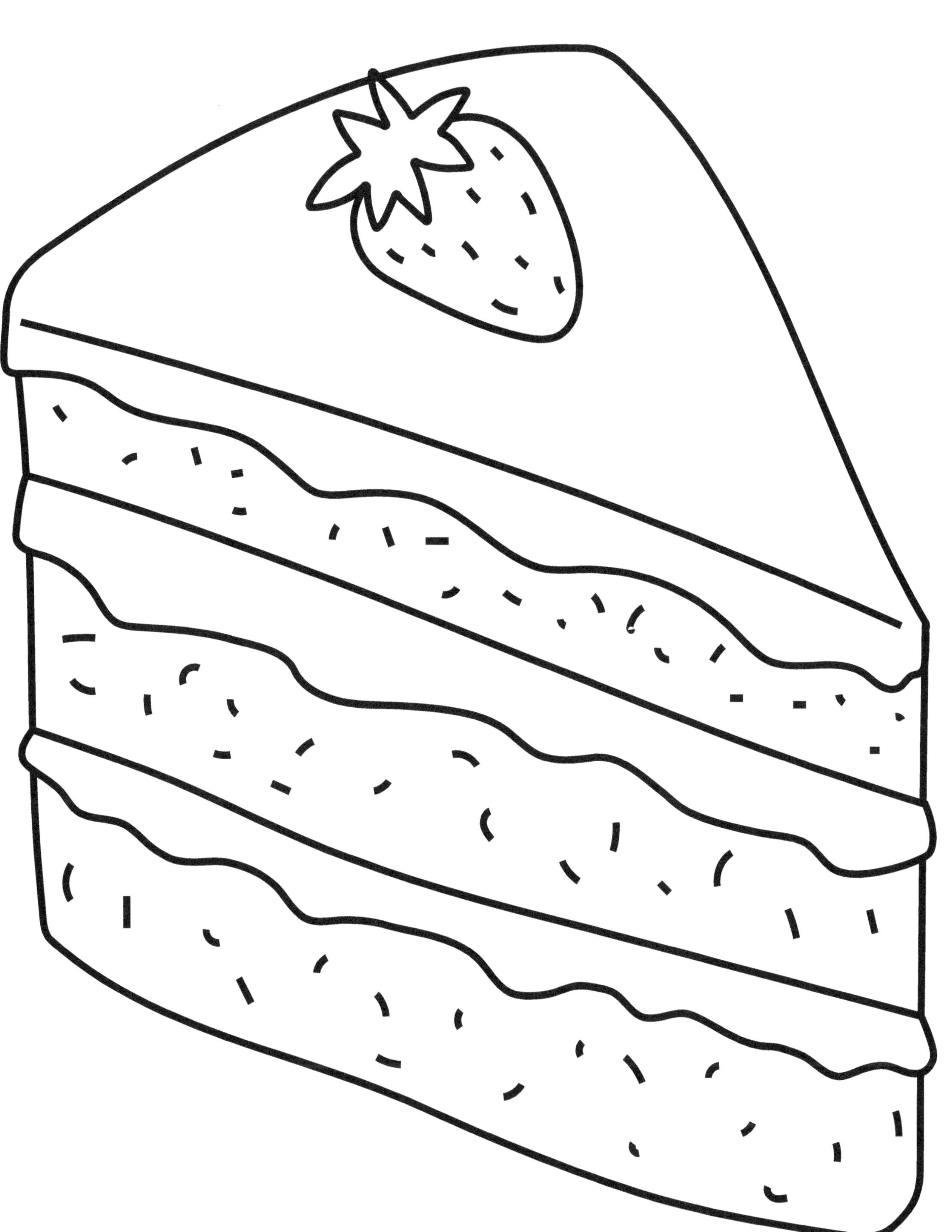

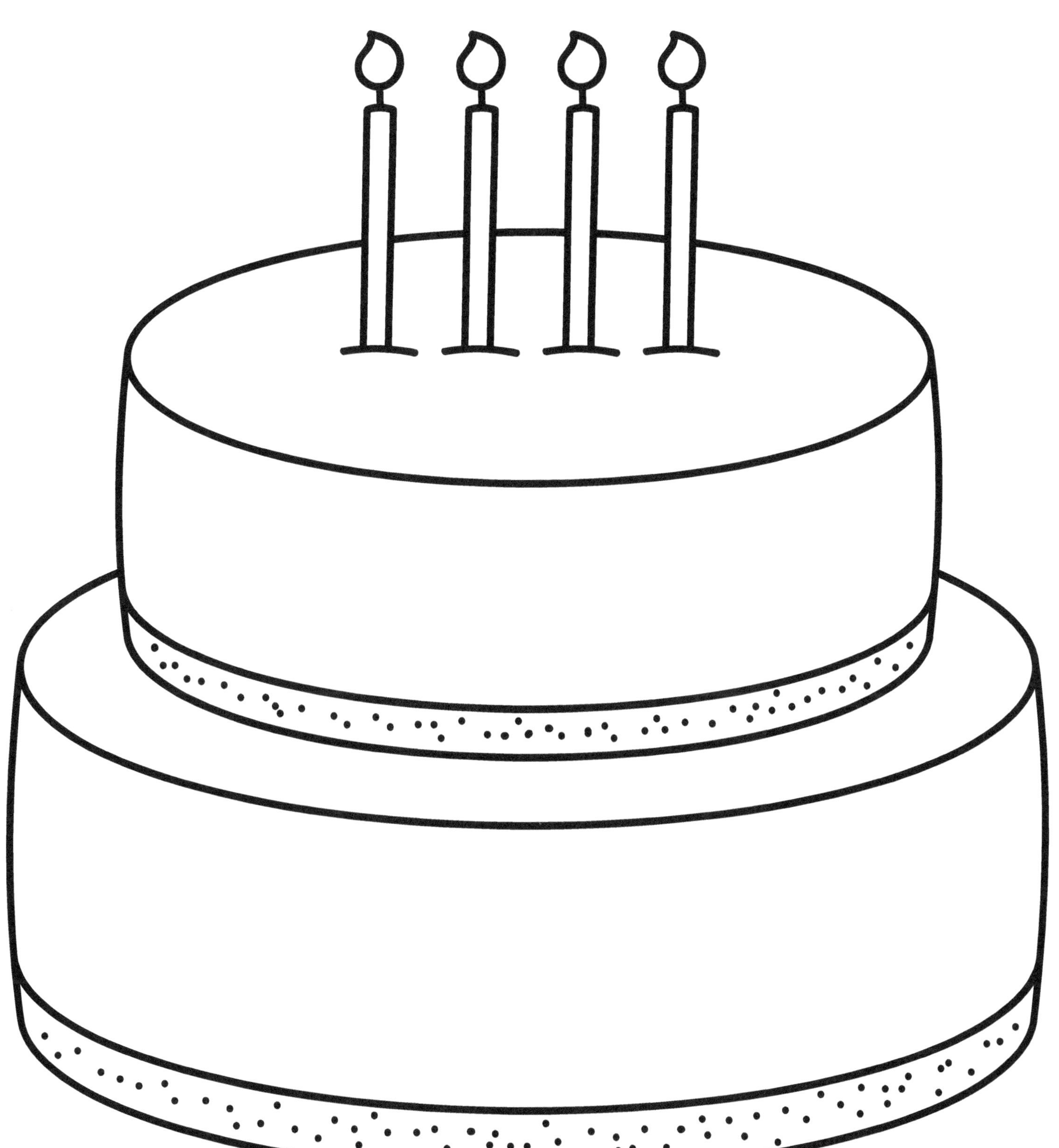

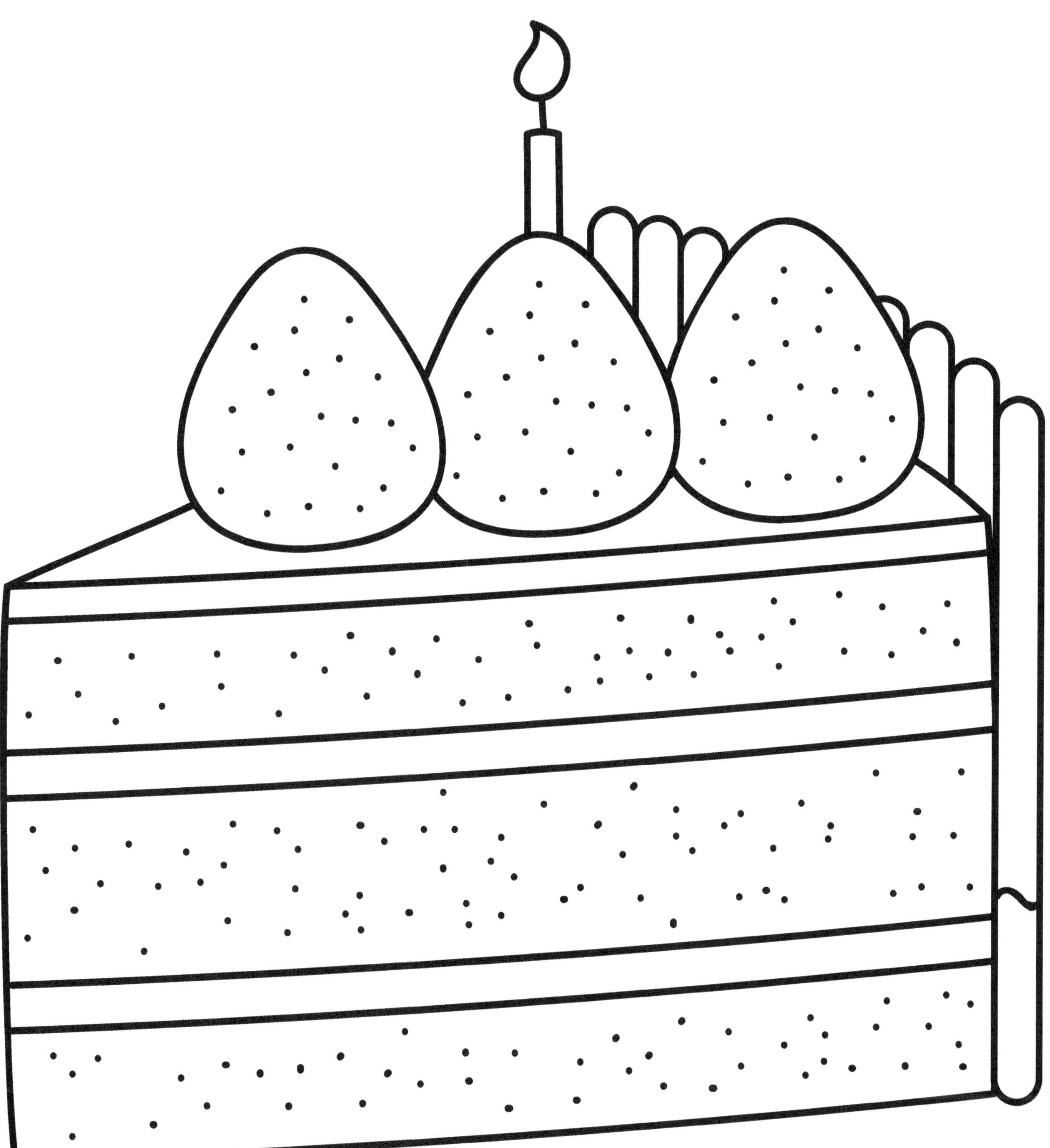

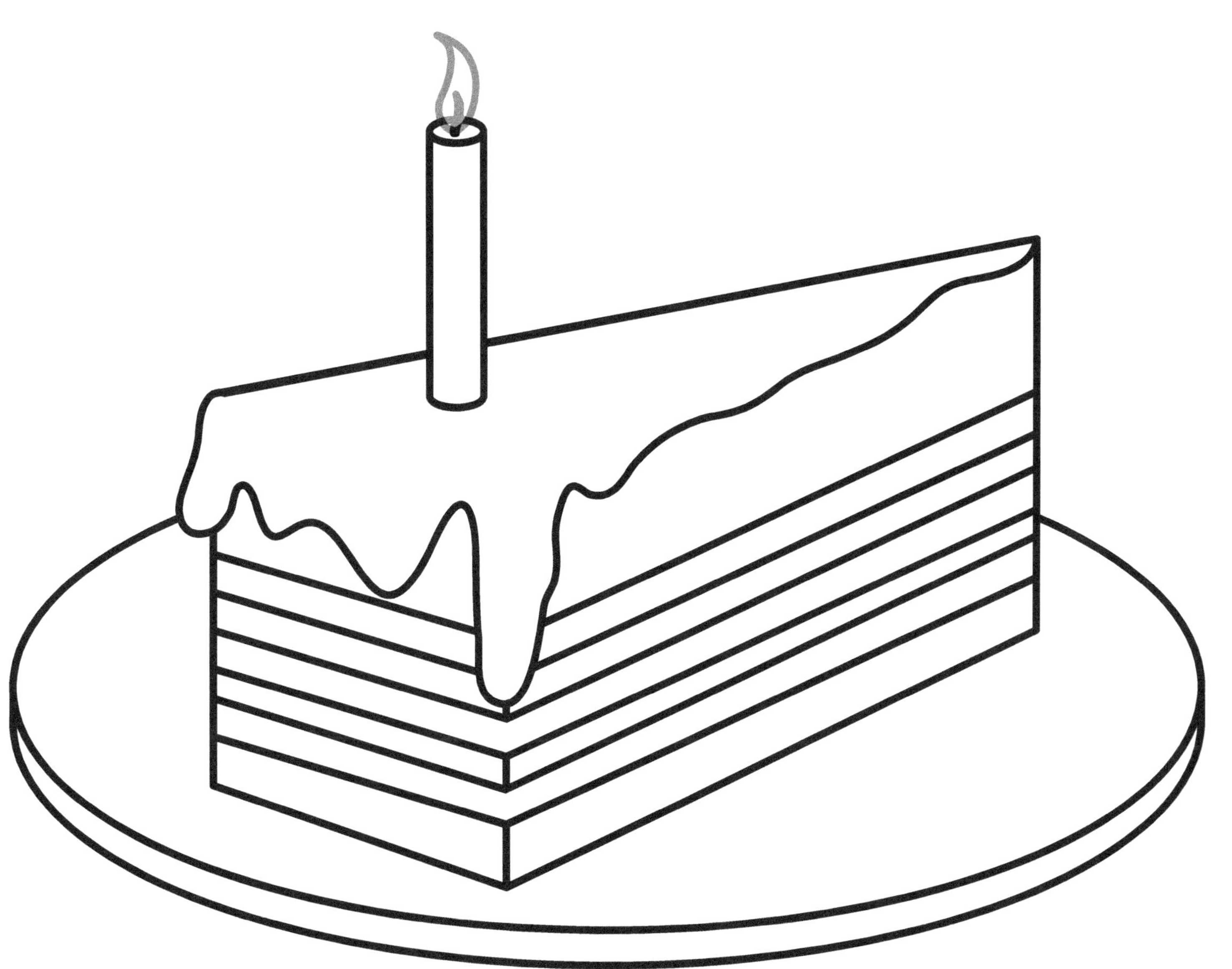

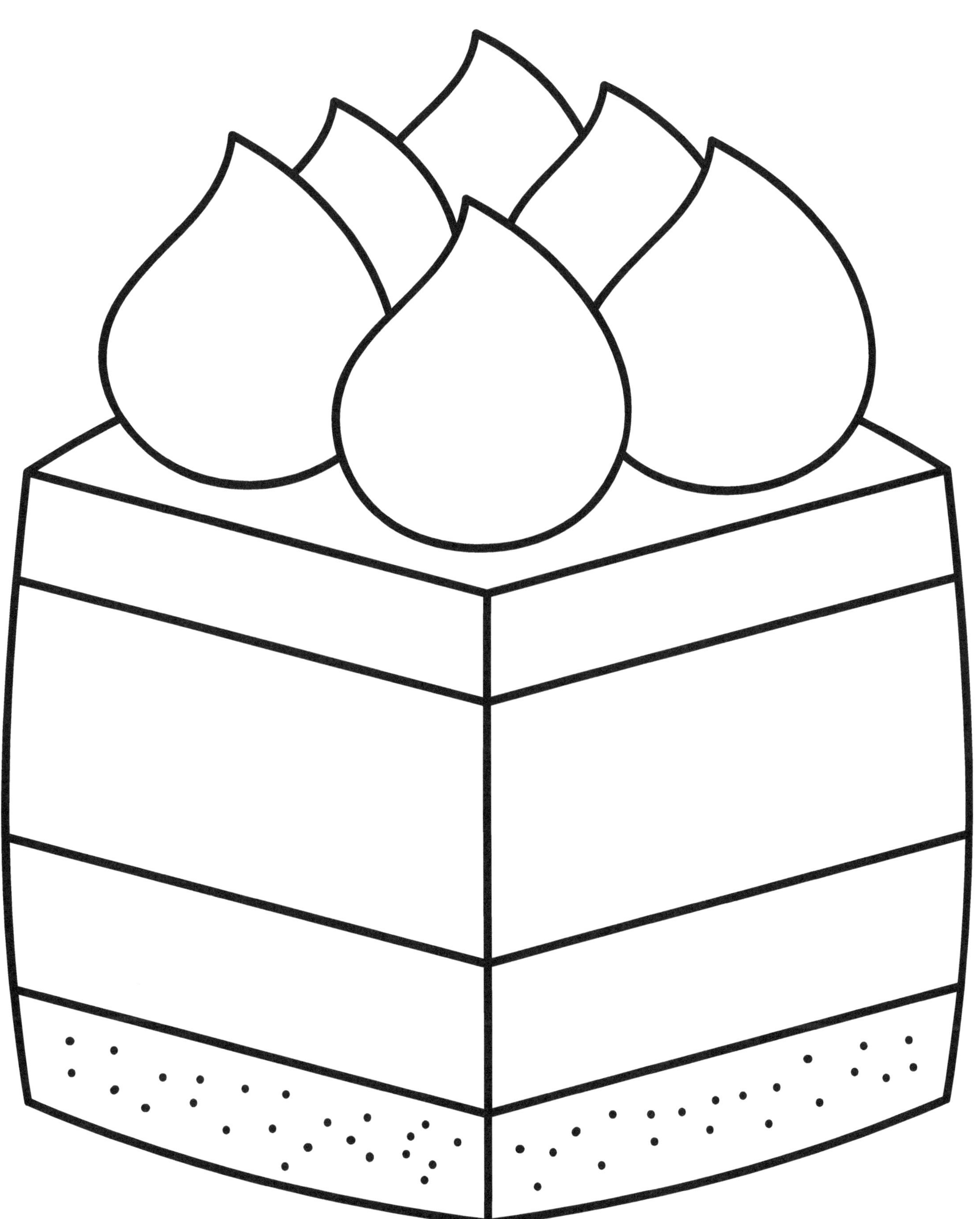

www.ingramcontent.com/pod-product-compliance
Lightning Source LLC
LaVergne TN
LVHW080554160826
845677LV00010B/1846
* 9 7 9 8 4 1 9 4 2 2 4 8 3 *